Die Notwendigkeit eines diversen Journalismus im Fokus von Behinderung

Nadine Rokstein

Bibliografische Information der Deutschen Nationalbibliothek:

Die Deutsche Nationalbibliothek verzeichnet diese Publikation in der Deutschen Nationalbibliografie; detaillierte bibliografische Daten sind im Internet über http://dnb.d-nb.de abrufbar.

ISBN: 9783389020951
Dieses Buch ist auch als E-Book erhältlich.

Einleitung

„Diversität ist ein wichtiger Bestandteil einer funktionierenden demokratischen Gesellschaft" (vgl. Sozialhelden e.V. und Immobilien Scout GmbH; S.2). Journalismus als Pfeiler einer demokratischen Gesellschaft hat zur Aufgabe, dass dieser divers besetzt ist. Hiermit sind verschiedene Hintergründe gemeint, die dafür sorgen, dass differenzierte Sichtweisen auf Themen geworfen werden. Hierzu gehören nicht nur verschiedene kulturelle, geschlechtsspezifische oder religiöse Hintergründe, sondern auch Menschen mit Behinderung.

Aber wie wichtig ist Diversität im Journalismus für die Repräsentation und Darstellung von behinderten Menschen und das diese aktiv teilhaben? In dieser Facharbeit soll sich nicht nur mit dem in den Medien kreierten Bild beschäftigt werden, sondern auch mit der Möglichkeit für behinderte Menschen, Journalismus zum Beruf zu machen. Im Fokus dieser Facharbeit steht einzig die Eigenschaft „behindert".

Hierfür wird der Begriff Behinderung sowie der Begriff Ableismus definiert. Ebenso geht es um die Macht der Journalist*innen auf das Bild der behinderten Menschen durch Bild und Text. Dabei geht es ebenfalls um die klassischen Darstellungen von behinderten Menschen als „Held*innen" oder "Opfer". Sowie Hinweise wie die Berichterstattung und Interviews gelingen kann.

Inhaltsverzeichnis

Definition Behinderung

Was eine Behinderung ist, lässt sich nach verschiedenen Modellen erklären. Beispielsweise nach dem medizinischen Modell, nach dem die „Störung" bei der Person liegt (vgl. Bundeszentrale für politische Bildung). Der Fokus liegt hier nicht auf dem Menschen, sondern auf der medizinischen Diagnose und Therapie. Hierdurch wird die Person auf die Behinderung reduziert (vgl. Sozialhelden e.V. und Immobilien Scout GmbH; S.2). Im Gegensatz dazu steht das soziale Modell. Dies setzt die Barrieren in den Vordergrund und spricht davon, dass Menschen durch ihre Umwelt behindert werden (vgl. Sozialhelden e.V. und Immobilien Scout GmbH; S.2). Barrieren sind je nach Fähigkeiten individuell (vgl. Informations- und Dokumentationszentrum für Antirassismusarbeit e. V. (IDA)).

Definition Ableismus

Ableismus ist die strukturelle Diskriminierung von behinderten und chronisch kranken Menschen. Menschen werden auf ihre Behinderung reduziert, als minderwertig angesehen, Vorurteile und Klischees werden genutzt und Menschen werden ausgeschlossen bis ignoriert und nicht wahrgenommen (vgl. Informations- und Dokumentationszentrum für Antirassismusarbeit e. V. (IDA)). Von Leidmedien wird dies auch mit Behindertenfeindlichkeit übersetzt (vgl. Leidmedien.de). Es wird von einem "physischen Standard des Menschen" ausgegangen, „den eine behinderte Person nicht leisten" kann (Informations- und Dokumentationszentrum für Antirassismusarbeit e. V. (IDA)). Dem zugrunde liegen Produktivitäts-, Schönheits- und Gesundheitsnormen, die tief in der Gesellschaft verankert sind (vgl. Informations- und Dokumentationszentrum für Antirassismusarbeit e. V. (IDA)). Ableismus entspringt oft einer guten Intention, die letztendlich auf Vorurteilen und Annahmen beruht und wird daher als solche nicht erkannt (vgl. Informations- und Dokumentationszentrum für Antirassismusarbeit e. V. (IDA)).

Durch Diskriminierung wird eine Gruppe strukturell benachteiligt und ungleich behandelt (vgl. Informations- und Dokumentationszentrum für Antirassismusarbeit e. V. (IDA)). Damit Diskriminierung funktioniert muss eine Mehrheit vorhanden sein, die „soziale, wirtschaftliche, politische oder diskursive Macht" hat (Informations- und Dokumentationszentrum für Antirassismusarbeit e. V. (IDA)).

Die Macht des Journalismus

Ableismus lässt sich auch in den Medien wiederfinden. Die starren, meist abwertenden Vorstellungen von behinderten Menschen, die dort reproduziert werden, entwickeln sich oft ohne unmittelbare Kontakte zu behinderten Menschen. (vgl. Bosse 2006, S. 61.; vgl. Cloerkes & Felkendorff 2001, S. 114–118).

Journalismus ist maßgeblich für die Wahrnehmung von behinderten Menschen und deren Sichtbarkeit verantwortlich (vgl. Sozialhelden e.V. und Immobilien Scout GmbH; S.3). Sie beeinflussen das Bild, das die Gesellschaft von behinderten Menschen hat (vgl. Aktion Mensch e.V., Leidmedien.de; S.3).

Arbeiten mehr behinderte Menschen in den Medien, desto stärker werden sie auch in der Öffentlichkeit als Mitglieder der Redaktion wahrgenommen (vgl. Sozialhelden e.V. und Immobilien Scout GmbH; S.3).

Medien können informieren und Gemeinsamkeiten aufgreifen, statt Vorurteile zu prägen und auf Klischees zurückzugreifen. Gemeinsamkeiten aufzuzeigen, verhindert, dass man behinderte Menschen als „anders" markiert (vgl. Aktion Mensch e.V., Leidmedien.de 2020; S.7).

„Sprache entwickelt sich immer weiter. Sensibel mit Sprache umzugehen und nicht durch Worte zu diskriminieren, ist eine Aufgabe aller Menschen" und somit auch die Aufgabe von Journalist*innen (Sozialhelden e.V., S.5). Wenig hilfreich für eine reflektierte Sprache ist, dass Mehrheitspublikum (Mehrheitsgesellschaft), denn ihm liegt der Konsum zugrunde und es ignoriert die Interessen der Minderheiten (vgl. Klocke-Daffa; Prager. & Antweiler. 2005, S.33). Dabei wird es beispielsweise von Fleras als notwendig erachtet diesen systemischen Bias [1]zu überwinden (vgl. Klocke-Daffa; Prager. & Antweiler. 2005, S.33). Denn dadurch kann das unausgewogene Verhältnis der Darstellungen von verschiedenen Minderheiten minimiert werden (vgl. Fleras 2006:180; 2010: 11). Dieser Aspekt wird jedoch „von Medienschaffenden kaum erkannt bzw. nicht anerkannt" (vgl. Klocke-Daffa, Prager & Antweiler 2005; S.33). Dabei hat der Journalismus ebenso eine anwaltschaftliche Funktion. Er soll unter anderem Minderheiten eine Stimme verleihen (vgl. Klocke-Daffa, Prager & Antweiler 2005; S.28).

Der Journalismus ist in der Pflicht, sich dieser Macht bewusst zu werden und behinderte Menschen nicht nur als passive Akteur*innen der Medien zu begreifen, sondern als Expert*innen in eigener Sache (vgl. Beauftragter der Bundesregierung für die Belange behinderter Menschen; S.3). Behinderte Menschen können aktiv in die Berichterstattung mit eingebunden werden (vgl. Beauftragter der Bundesregierung für die Belange behinderter Menschen; S.3). Denn eine „reale Perspektive eines behinderten Menschen macht ihr fiktionales Format authentischer" (Beauftragter der Bundesregierung für die Belange behinderter Menschen; S.3).

---

[1] Verzerrung

Die Macht der Bildsprache

Bereits als Kinder werden wir „starken optischen Reizen, sei es durch Bücher. Zeitschriften, Plakatwände oder das Fernsehen" geprägt (Heiner & Gruber 2003; S.49). Dabei ist uns nicht bewusst, dass im Laufe der Jahre sich eine Seh-Erfahrung ausprägt. Unbewusst sind wir an die Konventionen der Bildsprache gebunden. Problematisch ist dies, wenn wir die sichtbaren Klischees aufrechterhalten und diese dadurch in den Köpfen gefestigt bleiben.

Als Konsequenz wird oft von den Medien „erwartet, dass sie solche und ähnliche Vorstellungen beeinflussen bzw.»korrigieren«" (vgl. Heiner & Gruber 2003; S.49). Doch wenn ein breites Publikum angesprochen werden soll, wird meist auf Einstellungen zurückgegriffen, die in unserer Gesellschaft als „richtig" gelten (vgl. Heiner & Gruber 2003; S.49). Dass diese nachhaltigen Wirkungen haben, und das Bild, das die Öffentlichkeit von kranken und behinderten Menschen prägt, wird dabei häufig nicht beachtet (vgl. Heiner & Gruber 2003; S.19).

Um aber als Journalist*in, Blogger*in oder allgemein Medienschaffende auf klischeefreie Bilder zurückgreifen zu können, gibt es Plattformen wie Gesellschaftsbilder.de. Mit diesem Angebot soll die Vielfalt der Gesellschaft abgebildet werden (vgl. Gesellschaftsbilder.de). Bilder stehen hier zum Download zur Verfügung. „Bilder schaffen eine Wirklichkeit" (Gesellschaftsbilder.de). Bilder sind universell verständlich und ihre Wirkung tritt unmittelbar ein (vgl. Gesellschaftsbilder.de). Und die Wichtigkeit von Bildern nimmt immer weiter zu. Sie gelten als Eye-Catcher auf Plattformen, Artikeln und Beiträgen. Online wie auch offline. Fotos zeigen immer einen Ausschnitt der Realität und je nachdem, wie die Perspektive auf ein Thema ist, kann diese Realität konstruiert werden (vgl. Gesellschaftsbilder.de). So steht oft bei behinderten Menschen die Behinderung im Vordergrund (vgl. Gesellschaftsbilder.de).

Von Held*innen und Opfern im Journalismus

Die Repräsentation von behinderten Menschen in den Medien kennt meist nur Dramatisierungen, Klischees und die Beschreibung, dass das Leben von behinderten Menschen grundlegend anders ist als das von nicht-behinderten Menschen. Sie werden oft als Held*innen oder „Opfer" ihrer Behinderung dargestellt (vgl. Leidmedien.de). „Behinderte Menschen meistern „nicht automatisch „tapfer" ihren Alltag oder Menschen mit psychischen Erkrankungen sind nicht per se" „gefährlich" (Beauftragter der Bundesregierung für die Belange behinderter Menschen; S.3). Berichtet man beispielsweise über die Leistung von behinderten Menschen, so sollte dies nicht als außergewöhnlich oder rührend dargestellt werden. Damit wird vermittelt, dass man davon ausgeht, dass die Person dazu gar nicht in der Lage wäre. Dafür wird oft das Wort „trotz" verwendet. Dabei erreicht der behinderte Mensch nicht etwas „trotz", sondern „mit seiner" Behinderung (vgl. Leidmedien.de).

„Behinderte Sportlerinnen und Sportler kritisieren, wie Medien über sie berichten. Die Vorwürfe: Redaktionen widmen sich ihnen zu selten und immer wieder wird die Behinderung in den Vordergrund gestellt" (Kauer & Boes 1998; S.12). Zu selten wird die Persönlichkeit und die Leistung in den Vordergrund gestellt (vgl. Aktion Mensch e.V., Leidmedien.de 2020; S.5). Ihnen wird oft ein zwanghafter Leistungswille zugeschrieben, um die Behinderung psychisch zu kompensieren oder es wird als „Triumph über die Behinderung" umgedeutet (vgl. Kauer & Boes 1998; S.15).

Behinderte Körper verletzen durch zu wenig Repräsentation die sozialen Werte von den „schönen nichtbehinderten" Körpern in der Sportwelt. Ein Grund, warum diese Berichterstattung im Gegensatz zu der Berichterstattung von Nichtbehindertensport vernachlässigt wird (vgl. Kauer & Boes 1998; S.44). „Durch Berichte über Behindertensport scheint die Unsicherheit gegenüber behinderten Sportlerinnen und Sportlern bei Zuschauern herabgesetzt werden zu können" (Kauer & Boes 1998; S.91). Denn ohne diese Herabsetzung wird es weiterhin bei einem offensichtlichen Missverhältnis zwischen Unterhaltung und Behinderung bleiben (vgl. Kauer & Boes 1998; S.44).

Oft wird sich in Berichten darauf konzentriert, was behinderte Menschen nicht können (vgl. Leidmedien.de). Damit werden journalistischen Texte dramatischer gestaltet und sich auf Aspekte konzentriert, die behinderte Menschen nicht können (vgl. Leidmedien.de). Es fehlt an der Darstellung ihrer Fähigkeiten. Für viele scheint dies jedoch nicht erwähnenswert zu sein, da Drama und Sensation fehlen (vgl. Leidmedien.de). „Denn gerade, wenn die Auswirkungen auf Leser*innen größer sind und auch mehr persönliche Betroffenheit ausgelöst wird; es den Wünschen, Erwartungen und Bedürfnissen der Leser*innen entspricht", gilt dies als lesenswerter und desto besser lassen sich Texte von Journalist*innen verkaufen (Klocke-Daffa, Prager & Antweiler 2005; S.32). „Und so geht es hierbei nicht um die Interessen von Behinderten, sondern rein um den Verkauf der Berichte nach der Maxime „sensationell"" (Kauer & Boes 1998; S.12).

Es ist nicht verwunderlich, dass es Bewunderung und Lob für alltägliche Aufgaben gibt. Das behinderte Menschen diesen nachgehen ist in vielen Vorstellungen oft nicht vorhanden und gilt daher als „heldenhaft" (vgl. Leidmedien.de).

Aber auch dramatisch wird die Berichterstattung aufgebaut, wenn die Person als „Opfer" der eigenen Behinderung dargestellt wird. Der Satz „XY leidet an" zählt als eine Standardformulierung über Behinderungen. Doch eine Bewertung steht nur der Person selbst zu (vgl. Leidmedien.de).

Journalist*innen stehen jedoch bei der Berichterstattung unter Zeitdruck (vgl. Klocke-Daffa, Prager & Antweiler 2005; S.270). Die Zeit sich mit diversitätssensibler Sprache zu beschäftigen fehlt. Sich selbst weiterzubilden, kostet Geld, das gerade bei freiberuflichen Journalist*innen nicht erstattet wird.

Behinderte Menschen klischee- und barrierefrei in den Medien

Inklusion und Barrierefreiheit werden oft noch als „Nischenthemen" gesehen, die man nur im Kontext von Rehabilitation und Gesundheit einbringt. Es sind jedoch Themen für den Mainstream. So interessiert es auch Eltern mit Kinderwagen, ob Aufzüge funktionieren (vgl. Beauftragter der Bundesregierung für die Belange behinderter Menschen; S.6). „Am ehesten erreichen Sie auch noch nicht sensibilisierte Zuschauer*innen, wenn sie das Thema innerhalb von allen gesellschaftlich relevanten Themen platzieren, z. B. in Kultur-, Politik- und Sport-Sendungen/Ressorts, und im TV und Hörfunk mal zur Primetime bzw. im Print auf der 1. Seite" (Beauftragter der Bundesregierung für die Belange behinderter Menschen). Behinderte Menschen sollen selbst zu Wort kommen.

Ebenso wichtig ist eine neutrale Sprache. Dabei sollte auf Klischees verzichtet werden, wie auch auf eine dramatisierende Sprache (vgl. Leidmedien.de). Wie Aussagen über Behinderungen besser formuliert werden können, hat Leidmedien.de [2]zusammengefasst. Zusätzlich sollten Behinderungen nicht als Metaphern verwendet werden. Beispielsweise „taub" für „ignorieren" oder „blind" für „nicht wahrnehmen wollen" (vgl. Beauftragter der Bundesregierung für die Belange behinderter Menschen).

Sobald sie die Themen psychischer Erkrankungen ansprechen, sind Hinweise zu Anlaufstellen angebracht und hilfreich. Denn Menschen, die sich in diesem Beitrag wiederfinden, haben so Kontaktdaten zur Hand. So sollte die Telefonnummer der Telefonseelsorge immer hinterlegt werden (vgl. Beauftragter der Bundesregierung für die Belange behinderter Menschen; S.6).

---

[2] Siehe Anhang

Im Alltag herrschen selten Begegnungen zwischen nicht-behinderten und behinderten Menschen. Journalist*innen sind sich oft unsicher, wie sie ein Interview mit behinderten Menschen führen können und sich verhalten sollen. (vgl. Leidmedien.de).

Mittlerweile existieren viele Synonyme für Menschen mit Behinderungen. Beispielsweise Menschen mit Handicap oder Beeinträchtigung. Sinnvoll ist es laut Aktion Mensch e.V. und Leidmedien.de, nach der Selbstbezeichnung zu fragen (vgl. Aktion Mensch e.V., Leidmedien.de 2020; S.8).

Wie in anderen Interviews sei es auch wichtig, die Grenzen der interviewenden Person zu achten und nicht über Themen zu sprechen, die für das Gegenüber nicht in Ordnung sind (vgl. Leidmedien.de). Es sollte nicht über die Person gesprochen werden, sondern mit ihr. Das bedeutet, dass weder mit dolmetschenden Personen oder Assistenz gesprochen wird (vgl. Leidmedien.de).

Für autistische Personen kann eine laute Umgebung mit vielen Reizen ein Interview erschweren. Oftmals werden hier schriftliche Interviews bevorzugt (vgl. Leidmedien.de). Spontane und unangemeldete Anrufe sind zu vermeiden (vgl. Leidmedien.de).

Bei einem Interview, das in einem öffentlichen Raum stattfinden soll, ist es ebenso sinnvoll, auf die Barrierefreiheit vor Ort zu achten (vgl. Leidmedien.de).

Unsicherheiten im Umgang mit behinderten Menschen kommen vor (vgl. Leidmedien.de). Um dieses beim Aspekt helfen zu umgehen, kann laut Leidmedien statt auf ungefragtes Helfen auf Fragen, ob und wie Hilfe gewünscht ist, zurückgegriffen werden (vgl. Leidmedien.de). Daher sollte am besten gefragt werden, ob und wie geholfen werden kann.

Während des Gespräches kann beispielsweise die Sprache ein wichtiger Aspekt sein. Beispielsweise ist für Menschen mit Lernschwierigkeiten eine leichte Sprache wichtig (vgl. Leidmedien.de). Das bedeutet, dass kurze Sätze verwendet werden sollten und keine Fremdwörter.

Auswirkungen von behinderten Menschen im Journalismus

Die Aufgabe des Journalismus ist es, die Gesellschaft in ihrer Vielfalt abzubilden. Dies gelingt laut Sozialhelden e.V. nur dann, wenn verschiedene Perspektiven zur Verfügung stehen (vgl. Sozialhelden e.V.; S.7). Auch die Deutsche Gesellschaft für Publizistik und Kommunikationswissenschaft e. V. erachtet es als wichtig, „Redaktionen darin zu trainieren, Diversität in den Köpfen zu verinnerlichen (vgl. Klocke-Daffa, Prager & Antweiler 2005; S.35).

Behinderte Menschen sind durch ihre Sichtweise auf Themen eine Bereicherung für Redaktionen (vgl. Otto Brenner Stiftung, 2023). Sie können sich an Themen rantrauen oder an Themen denken, an die sich nicht-behinderte Menschen nicht trauen (vgl. Sozialhelden e.V.; S.8). Ohne behinderte Menschen fehlt eine wichtige Perspektive (vgl. Otto Brenner Stiftung, 2023).

Wenn sich mehr behinderte Journalist*innen in den Redaktionen befänden, könnten sie sich mit anderem behindertem Journalisten*innen austauschen und haben Rollenmodelle (vgl. Sonntag Jennifer, 2023).

Barrieren auf dem Weg in den Journalismus

Behinderte Menschen stoßen auf unterschiedliche Barrieren, die ihren Weg in den Journalismus verhindern oder erschweren. Beispielsweise durch den Satz „Führerschein wünschenswert", der in Stellenbeschreibungen zu finden ist. Dies setzt eine unabhängige Mobilität voraus, die der nicht-barrierefreie ÖPNV nicht liefern kann. Nicht jede behinderte Person ist in der Lage einen Führerschein zu machen (vgl. taz Verlags u. Vertriebs GmbH).

Viele Medienhäuser sind nicht barrierefrei. Außerdem ist es für behinderte Menschen, die mit ihrer Energie haushalten müssen, einfacher aus dem Homeoffice zu arbeiten (vgl. taz Verlags u. Vertriebs GmbH). Dies fordert natürlich, dass alle Beteiligten aktiv dafür sorgen, dass Personen aus dem Homeoffice nicht den Anschluss ans Team verlieren (vgl. taz Verlags u. Vertriebs GmbH). Zu beachten ist, dass es schwieriger ist, Themen zu überblicken, wenn die Perspektive von behinderten Menschen vergessen wurde (vgl. taz Verlags u. Vertriebs GmbH). Die Zeit der Corona-Pandemie zeigte, dass Arbeiten aus dem Homeoffice auch im Journalismus möglich ist (vgl. taz Verlags u. Vertriebs GmbH). Dies war ein großer Schritt Richtung Inklusion. Treppen vor dem Eingang oder umständliche Anreisen fielen für viele weg (vgl. taz Verlags u. Vertriebs GmbH). Außerdem war Gebärdensprachdolmetschung über weite Entfernung möglich. Man war jedoch auf eine gute Internetverbindung mit gutem Ton und Bild angewiesen (vgl. taz Verlags u. Vertriebs GmbH).

Behinderte Menschen, die eine Förderschule besucht haben, haben oft keine Chance auf ein Abitur (vgl. Prodöhl, Nikolai: 2023). Nikolai Prodöhl fragte den Spiegel, welche Voraussetzungen es für den Journalismus gibt: „Beim *Spiegel* haben sie mir gesagt, die *Spiegel*-Gruppe sei offen für Menschen mit unterschiedlichen Bildungsbiografien. Formale Kriterien wie Abschlüsse spielen im Bewerbungsprozess weniger eine Rolle" (Prodöhl, Nikolai: 2023). Die Stellenbeschreibungen sagen jedoch, Studierende oder Journalistenschüler*innen werden gesucht (vgl. Prodöhl, Nikolai: 2023). Eine Befragung zeigt, dass zwei Drittel der Befragten

Journalist*innen einen Studienabschluss haben (vgl. Weischenberg et al. 2006a; S. 353-357; Ziegler 2008; S. 18; Terkessidis 2012; S. 279; Steindl et al. 2017: S. 401 ff.).

Jennifer Sonntag berichtet von Barrieren in ihrem Studium durch fehlendes barrierefreies Studienmaterial (vgl. Sonntag, Jennifer; 2023). Fehlende Barrierefreiheit, durch Fremdwörter und längere Sätze erschwert Menschen mit Lernschwierigkeiten die Recherche (vgl. Prodöhl, Nikolai: 2023).

In Redaktionen muss schnell gearbeitet werden. Der Konkurrenzkampf ist groß. Dies ist jedoch für behinderte Menschen nicht immer möglich (vgl. Klocke-Daffa, Prager & Antweiler 2005; S.270; vgl. Prodöhl, Nikolai: 2023).

„Die Neue Norm" und „Andererseits" sind diverse Redaktionen, in denen behinderte Journalist*innen tätig sind. Dadurch zeigen sie wie ein inklusiver Journalismus funktionieren kann.

Fazit

Diversität im Journalismus ist unverzichtbar. Es verleiht den Redaktionen mehr Glaubwürdigkeit, Authentizität und eine erweiterte Sicht auf Themen. Behinderte Menschen haben eine andere Perspektive auf Themen. Ihnen fallen andere Themen auf oder sie trauen sich an andere Themen. Aufgrund der Ausführungen in dieser Arbeit sollte der Journalismus nicht weiter auf Inklusion verzichten. Gerade im Hinblick auf die UN-BRK (Artikel 8, 9. 21 sowie 30) ist es für die Rechte behinderter Menschen wichtig sie im Journalismus klischeefrei zu repräsentieren, dass sie Zugänge erhalten und aktiv in den Medien stattfinden. Gleichzeitig muss sich der Journalismus seiner Macht bewusst werden, die er über das Bild von behinderten Menschen hat und hier aktiv gegen arbeiten.

Der Weg dorthin ist lang. Es handelt sich um Barrieren, in den Medienhäusern und Ausbildungsstätten, im Bereich Wohnen und ÖPNV. Die ersten Schritte wären hier bereits getan, wenn auch Journalist*innen ohne ein Abitur, Studium oder Abschluss Chancen gegeben werden. Behinderte Menschen sitzen oft im System der Sonderräume fest und erhalten nicht die Möglichkeit, dieses System zu verlassen.

Wenn Medienhäuser Vielfalt als Chance begreifen, können nicht nur sie, sondern alle von einem diversen Journalismus profitieren.

Literaturverzeichnis

1. **Aktion Mensch e.V., Leidmedien.de** (2020): Tipps für Medien - Über Sportlerinnen und Sportler mit Behinderung berichten

2. **Beauftragter der Bundesregierung für die Belange behinderter Menschen**: Auf Augenhöhe - Leitfaden zur Darstellung von Menschen mit Behinderung für Medienschaffende. URL: http://polio-thueringen.de/BehInfo/20150318AufAugenhoehe.pdf [Abruf: 15.12.2023]

3. **Bosse, Ingo** (2006): Behinderung im Fernsehen - Gleichberechtigte Teilhabe als Leitziel der Berichterstattung (1. Aufl.). Deutscher Universitätsverlag

4. **Bundeszentrale für politische Bildung** (2016): Behinderung und Medien – ein Perspektivwechsel. URL: https://www.bpb.de/shop/zeitschriften/apuz/221581/behinderung-und-medien-ein-perspektivwechsel/ [Abruf: 11.12.2023]

5. **Fleras, Augie** (2006): The Conventional News Paradigm as systemic Bias: Re-Thinking the (Mis-)Representational Basis of Newsmedia-Minority Relations in Canada URL: https://www.degruyter.com/document/doi/10.1515/9783839405031-007/html?lang=en [Abruf 03.01.2023]

6. **Cloerkes Günther, Felkendorff Kai** (2001). Soziologie der Behinderten. Eine Einführung, (2. Aufl.). Universitätsverlag Winter GmbH Heidelberg

7. **Gesellschaftsbilder.de**: Über das Projekt. URL: https://gesellschaftsbilder.de/page/%C3%9Cber%20das%20Projekt [Abruf: 23.12.2023]

8. **Gesellschaftsbilder.de**: Warum sollte ich Gesellschaftsbilder.de nutzen?. URL: https://gesellschaftsbilder.de/?gclid=CjwKCAiAp5qsBhAPEiwAP0qeJvPDhwLda5DsaAtLgoW5KrGjY_8ipLnsJ3rfZ0TBLDt7rbyXs-FaPRo-CVu8QAvD_BwE^ [Abruf: 23.12.2023]

9. **Heiner, Stefan & Gruber, Enzo** (2003).: Bildstörungen: Kranke und Behinderte im Spielfilm. (1. Aufl.) Mabuse Verlag

10. **Informations- und Dokumentationszentrum für Antirassismusarbeit e. V. (IDA).** URL: https://www.idaev.de/recherchetools/glossar?tx_dpnglossary_glossary%5Baction%5D=list&tx_dpnglossary_glossary%5Bcontroller%5D=Term&tx_dpnglossary_glossary%5BcurrentCharacter%5D=D&cHash=c4fb7b9faf3e5d1c20c3bd2870ad4ec4 [Abruf: 18.12.2023]

11. **Informations- und Dokumentationszentrum für Antirassismusarbeit e. V. (IDA).** URL:

https://www.idaev.de/recherchetools/glossar?tx_dpnglossary_glossary%5Baction%5D=list&tx_dpnglossary_glossary%5Bcontroller%5D=Term&tx_dpnglossary_glossary%5BcurrentCharacter%5D=A&cHash=db03e8e7651140c4a06cccad34a3d8df [Abruf: 18.12.2023]

12. **Kauer, Oliver & Boes, Klaus** (1998).: Behindertensport in den Medien (Behinderte machen Sport). (1. Auflage) Meyer & Meyer Sport

13. **Klocke-Daffa, S.; Prager, Laila. & Antweiler, Christoph**. (2005).: Journalismus und Diversity - Umgang mit kultureller Diversität in der journalistischen Praxis und Konsequenzen für die Aus- und Fortbildung. (1. Aufl.) Springer VS

14. **Leidmedien.de**: Bitte vermeiden – Bitte so. URL: https://leidmedien.de/wp-content/uploads/2012/07/Leidfaden.pdf [Abruf: 26.09.2022]

15. **Leidmedien.de**: „FAQ" – Tipps zum Interview mit einem behinderten Menschen. URL: https://leidmedien.de/faq-interview/ [Abruf: 27.10.2021]

16. **Leidmedien.de**: Positivbeispiele aus den Medien über Behinderung. URL: https://leidmedien.de/journalistische-tipps/positive-beispiele/ [Abruf: 27.10.2021]

17. **Leidmedien.de**: Tapferkeit, Leid und Heldentum: Klischees in den Medien. URL: https://leidmedien.de/journalistische-tipps/negative-beispiele/ [Abruf: 27.10.2021]

18. **Otto Brenner Stiftung**. (2023, 14. Juli). Auszeichnung für behinderte Journalist*innen [Pressemeldung]. https://journalismus-preis.org/presse/pressemitteilung-vom-14-juli-2023/

19. **Prodöhl, Nikolai** (2023): Ausgebremst. URL: https://www.journalist.de/startseite/detail/article/ausgebremst [Abruf: 21.10.2023]

20. **Sonntag, Jennifer** (2023) Die Neue Norm. 14 Jahre als blinde TV-Frau URL: https://dieneuenorm.de/kolumne/14-jahre-als-blinde-tv-frau/ [Abruf: 21.10.2023]

21. **Sozialhelden e.V.**: Behinderung in den Medien - Behinderung in den Medien Tipps von Leidmedien.de. URL: https://leidmedien.de/wp-content/uploads/2017/02/LeidmedienBroschuere2020_bfrei.pdf [Abruf: 14.12.2023]

22. **Sozialhelden e.V. & Immobilien Scout GmbH**: Journalist*innen mit Behinderung – bitte mehr davon! URL: DJV_Broschüre_barrierefrei_180502.pdf [Abruf: 19.12.2023]

23. **Steindl, Nina; Lauerer, Corinna; Hanitzsch, Thomas** (2017): Journalismus in Deutschland. Aktuelle Befunde zu Kontinuität und Wandel im deutschen Journalismus. In: Publizistik, S. 401-423. Springer VS

24. **Terkessidis, Mark** (2012): „Interkultur" statt Integration! Zehn Fragen an Dr. Mark Terkessidis, Journalist und Migrationsforscher. In: Atmaca, Delal; Schatz, Roland

(Hrsg.), Integrations-Index 2012. unter: http://innovatio.de/pdf/Integration_2012_web.pdf.

25. **taz Verlags u. Vertriebs GmbH**: Journalismus mit Behinderung: Eine Chance für Inklusion. URL: https://taz.de/Fuer-tazde/!vn5957311/ [Abruf: 21.10.2023]

26. **Weischenberg, Siegfried; Malik, Maja; Scholl, Armin** (2006a): Journalismus in Deutschland 2005. Zentrale Befunde der aktuellen Repräsentativbefragung deutscher Journalisten. In: Media Perspektiven 7/2006a, S. 346-361.

27. **Ziegler, Peter** (2008): Die Journalistenschüler. Rollenselbstverständnis. Arbeitsbedingungen und soziale Herkunft einer medialen Elite. unter: http://library.fes.de/pdf-files/stabsabteilung/05773.pdf.

Anhang

Bitte vermeiden:	Bitte besser so formulieren:
an den Rollstuhl gefesselt	Person XY sitzt, benutzt oder fährt Rollstuhl, ist auf den Rollstuhl angewiesen oder im Rollstuhl unterwegs
Person XY leidet an...	Person X hat die Behinderung ABC oder lebt mit Krankheit ABC
der/die Behinderte, die Behinderten	Mensch mit Behinderung oder behinderter Mensch
Handicap, gehandicapt	Behinderung, behindert
invalide, schwerbeschädigt	behindert
gesund oder normal vs. krank	nichtbehindert vs. behindert
das Leben oder die Behinderung „meistern"	mit der Behinderung leben
trotz seiner/ihrer Behinderung	mit seiner/ihrer Behinderung
sehgeschädigt, Sehschwäche	sehbeeinträchtigt, sehbehindert
taubstumm, hörgeschädigt, Zeichensprache, Gebärdendolmetscher	taub, gehörlos, schwerhörig, hörbehindert, Gebärdensprache, Gebärdensprachdolmetscher
„Sorgenkind", „Schützling", „Du" statt „Sie"	Nehmen Sie die Person ernst
geistige Behinderung, geistig behindert	Mensch mit Lernschwierigkeiten, kognitiv beeinträchtigt
Mongoloismus, mongoloid, Downie	Mensch mit Trisomie 21, Mensch mit Down-Syndrom
Pflegefall	Mensch mit Assistenzbedarf
Zwerg, Liliputaner	kleinwüchsiger Mensch
Mensch mit Autismus	Autist/in
psychisch krank, psychisch gestört, geisteskrank	psychisch beeinträchtigt, Psychatrie-Erfahrene

Vermeiden Sie ebenfalls Beschreibungen, in denen jemand „Opfer" von etwas ist oder „tapfer sein Schicksal erträgt" und richten Sie den Blick nicht nur auf das, was „anders" an einer Person ist, oder was sie alles nicht kann. All das zeigt eine hauptsächlich defizitäre Sichtweise. Vermeiden Sie aus demselben Grund außerdem behinderten Menschen im Zusammenhang mit alltäglichen Dingen eine besondere „Lebensfreude" oder einen besonderen „Lebensmut" zu attestieren.

Leidmedien.de
Über Menschen mit Behinderungen berichten

Vermeiden Sie ebenfalls Beschreibungen, in denen jemand „Opfer" von etwas ist oder „tapfer sein Schicksal erträgt" und richten Sie den Blick nicht nur auf das, was „anders" an einer Person ist, oder was sie alles nicht kann. All das zeigt eine hauptsächlich defizitäre Sichtweise. Vermeiden Sie aus demselben Grund außerdem behinderten Menschen im Zusammenhang mit alltäglichen Dingen eine besondere „Lebensfreude" oder einen besonderen „Lebensmut" zu attestieren.

Quelle: https://leidmedien.de/leidmedien-broschuere/